# Guía final paso por paso a la Programación C

(Programming in C en Español/ Programming in C in Spanish)

# Carl Reiss

# TABLA DE CONTENIDOS

# Capítulo 1

# Introducción e Instalación

Historia de C

C es un lenguaje de programación de computadora de propósito general, que apareció por primera vez en 1972. El desarrollador en jefe de C fue Dennis Ritchie. El origen de C está cercanamente relacionado a la creación del sistema operativo Unix.

En este tutorial, iremos desde lo básico de C hasta las secciones de nivel intermedio. Los tutoriales están diseñados para atraer a los que están aprendiendo un lenguaje de programación por primera vez.

Correr C en Windows

Se puede correr C en Windoes con Visual Studio 2015. Visual Studio puede descargarse directamente de Microsoft, durante el proceso de instalación C++ debe ser seleccionado como lenguaje. El menú debería verse así:

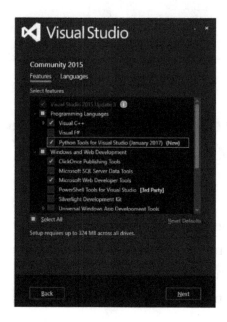

Luego de que selecciones "Visual C++" instala completamente el programa.

Deberías cargar Visual Studio e ir a Archivo Nuevo Proyecto, tendrás una ventana como esta:

Selecciona "Aplicación de Consola Win32" y haz click en
"Ok"

Algunos menús aparecerán ahora, síguelos en las secciones
resaltadas. *(Las cajas resaltadas tienen que ser desmarcadas):*

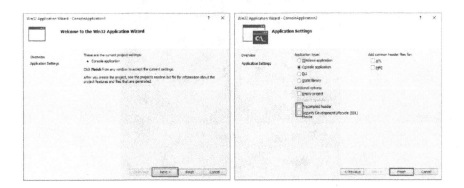

Cuando el programa cargue deberías notar que no se te ha
brindado un ambiente C sino uno de C++, tienes que
convertirlo a C:

Ve al "explorador de soluciones" y abrirá el Menú de "Explorador de Soluciones"

Haz clic derecho en el archivo **.cpp** y clic en "Propiedades"

Un menú aparecerá, expande el menú **C/C++,** ve a
**"Avanzado",** busca la sección **"Compilar como"** y
selecciona en el menú desplegado **"Compilar como Código
C (T/C)"**

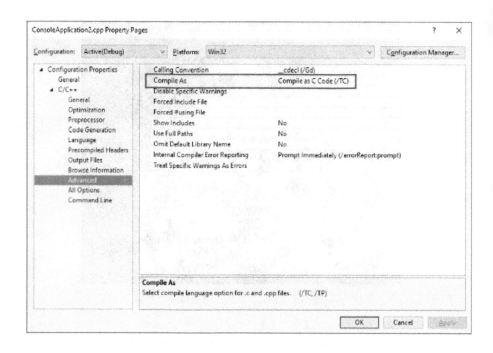

¡El código ahora está listo para correr! Cuando el código que quieras compilar sea leído haz clic en la flecha verde en el menú de arriba para correr tu aplicación de consola.

### Correr C en Linux

Desarrollar un código básico en Linux es relativamente fácil, primero necesitarás el compilador "gcc", si no lo tienes instalado corre:

```
apt-get install gcc-5
```

La siguiente fase es crear tu programa, abre un programa de editor de texto (Leafpad en este caso) usa este programa básico para propósitos de prueba:

```
#import <stdio.h>
int main()
{
    printf("Hello, World!\n");

    return 0;
}
```

Guarda este archivo con la extensión **.c**.

Para compilar y usar el programa usarás gcc así:

```
gcc -o <OutputProgramName> <C_FileName>
```

Dónde

Output ProgramName es el nombre del archivo ejecutable que quieres

C...FIleName es el nombre de tu archivo C

Para correr el programa sólo escribe el nombre del ejecutable segudio por "./"

```
./<OutputProgramName>
```

Correr C en Mac

Correr C en una Mac es relativamente fácil, abre la *terminal* y corre

```
clang --version
```

Clang es un compilador hecho por Apple y con la capacidad de lidiar con todos los aspectos de traducir un código al código de una máquina (1s y 0s)

Inicia tu blog de notas, escribe tu código C, usa este para empezar:

```
#import <stdio.h>
int main()
{
    printf("Hello, World!\n");

    return 0;
}
```

Guarda este código con la extensión **.c**

Abre una terminal en la carpeta dónde guardaste tu archivo .c, y escribe

```
make <filename>.c
```

Dónde filename es el nombre del archivo que acabas de guardar. Para correr el código sólo córrelo así:

```
./<filename>.c
```

Correr C en línea

Uno de mis IDE online favoritos es https://www.codechef.com/ide brinda un lugar claro y limpio para producir código.

A lo largo de este tutorial verás snippets de códigos expuestos. Hay algunos puntos que necesitan explicación de modo que puedas obtener lo mejor de este tutorial:

## Comentarios

Los comentarios en códigos están señaados por un "/ /" y el color verde, estos son ignorados por la computadora, y comentar es una parte importante de mantener un código de computadora legible y fácil de mantener. Los codificadores novatos tienden a descartar los comentarios y lo lamentan luego, no seas ese programador.

## Estructura Básica

También hay una estructura básica requerida de un programa C, la estructura es la siguiente:

```c
#include <stdio.h>

int main()
{
        //Here goes the code
}
```

Esta es la estructura para hacer correr tus programas C, no te preocupes, aprenderemos lo que significa todo.

# Capítulo 2

# Bloques de construcción

Variables y tipos

La base de un programa son los datos, en la forma de números y caracteres. El almacenamiento, manipulación, y salida de estos datos da funcionalidad. Las variables guardan estos datos, piensa en ello como una caja usada para almacenar un solo objeto.

C es un lenguaje bastamente escrito, dónde cada variable debe tener un tipo definido. Un tipo es una palabra clave para identificar, que define lo que la variable puede guardar. El primer tipo que veremos es el entero, este puede guardar números reales (números sin parte decimal), un entero se define abajo:

```
int integerName = 3;
```

- **int** es el la palabra clave tipo definida, aprenderemos las distintas posibilidades luego.


- **"integerName"** es la ID para la variable, esto puede ser cualquier cosa que quieras nombrar, se usa para permitir que una variable tenga un nombre significativo, la variable podría definirse como "**int pinapple=3**:" pero es bueno practicar el hacerlas relevantes. Sin embargo, hay algunas excepciones a esto puesto que una variable no puede ser un solo dígito por ejemplo "4" o no puede contener caracteres especiales

- "**= 3;**" es la sección de asignación, dónde el valor de 3 se coloca en la caja de entero para usar después. **Esto también termina con un punto y coma, esto se usa para significar el final de una línea.**

Esta variable puede ahora usarse en áreas válidas del programa, como sigue:

```
int newInteger = integerName
```

El valor de **intergerName** definido anteriormente (3) ahora será colocado en la variable newInteger y ahora ambos tendrán el valor de 3. El valor de **integerName** no cambia, puesto que sólo está siendo copiado y colocado en **newInteger.**

Cadena de caracteres

La cadena de caracteres es otra variable crucial, este tipo de variable se usa para almacenar una serie de caracteres, un ejemplo podría ser la palabra "batman", la palabra se compone de caracteres que son guardados en la variable cadena de caracteres. Es un arreglo de caracteres (más acerca de arreglos después), pero efectivamente son los únicos caracteres de la palabra guardados uno al lado del otro en memoria. El '\n' es un carácter que simboliza una nueva línea.

```
char word[] = "dog\n";


//And it can be used and printed it like so:
printf(word);
```

## Booleano

Los booleanos son usados como expresiones, sus valores sólo pueden ser cierto (1) o falso (0) y son usados para significar ciertos estados o marcar ciertos eventos, también pueden guardar el resultado para una expresión condicional (Más acerca de expresiones condicionales después). Esto tendrá más sentido cuando vayamos a las expresiones condicionales.

```
_Bool falseIsDetected = 0; //False


_Bool trueIsDetected = 1; //True
```

## Float/Doble

Las variables de Punto flotante son valores decimales creados con matemática de precisión de punto flotante, los elementos técnicos de cómo funciona esto están fuera del enfoque de este tutorial pero puede ser explicado fácilmente por recursos de internet, sólo busca "precisión de punto flotante." Los flotantes te permiten un nivel mayor de precisión de un valor al brindar precisión decimal. Puedes especificar un valor "flotante" al colocar una "fa" y al final del valor.

```
float decimalValue = 3.0f;
```

## Vació (Void)

Este tipo de datos es especial y se usa para especificar que ningún valor está disponible. Esto suena contra intuitivo, pero veremos dónde se usa después.

## Palabras clave/términos notables

**const** – esta palabra clave transforma la variable a sólo lectura, significando que su valor no puede ser cambiado luego de que es iniciada. La palabra clave se usa de la siguiente manera:

```
const float pi = 3.14f;
```

**Global variable** – este es un término que describe una definición de variable fuera de la función principal. Por ejemplo, el **int** friendCount es una variable global y el **int** currentMonth no. Nota que las posiciones están definidas:

```
//Global
int friendCount = 0;
int main()
{
        //Not Global
        int currentMonth = 5;
}
```

Esto significa que la variable global (global variable) puede ser usada en **cualquier** locación en el programa y puede ser peligroso si no se usa correctamente. Una forma correcta es usarla en conjunción con la palabra clave **const** anteriormente, esto significa que la función sólo puede referenciar un valor y no cambiarlo.

Repaso

- int              Adquiere o toma números reales

- float/double   Toma números decimales

- vacío (void) especifica que no hay tipo

- booleano    sólo toma verdadero o falso

- cadena de caracteres  un arreglo de caracteres que hacen una palabra o frase

- global una variable  a la que se puede acceder en cualquier lugar

- const significa que luego de que una variable ha sido inicializada su valor no puede ser cambiado

operaciones aritméticas

| Símbolo | Uso |
| --- | --- |
| + | Resultado int= 1+2; |
| - | Resultadi int =1-2; |
| / | Resultado de float= ½ (esto se guarda en un valor flotante debido a los decimales) |
| * | Resultado int 1*2 |
| % | El operador módulo retorna el resto de una división Resto de int =4%2; |

Condicionales

Comparar valores con otros valores de forma significativa es fundamental para frases condicionales, abajo está una lista de comparaciones de valores.

| Nombre | Símbolo | Detalles |
| --- | --- | --- |
| Mayor que | > | devuelve verdadero si el lado izquierdo es mayor que el derecho |
| Mayor o igual que | >= | devuelve verdadero si el lado izquierdo es mayor o igual que el derecho |
| Menor que | < | devuelve verdadero si el lado izquierdo es menor que el lado derecho |
| Menor o igual que | <= | devuelve verdadero si el lado izquierdo es menor o igual que el lado derecho |
| Igual | == | un signo igual doble se usa para comparar si el valor de alguno de los lados es equivalente y retorna verdadero si son iguales |
| Distinto de | != | retorna verdadero si los dos valores no son equivalentes |

La lista de condicionales arriba puede usarse en ciertas circunstancias para controlar el flujo del programa.

## Frase If

Hay situaciones en las que necesitas que algo suceda si una cierta condición es el caso, este es el rol de la frase If (si en inglés) y dónde las frases condicionales llegan a la mezcla.

```
if (Condition)
{
    //Code will run here if Condition is True
}
//If the condition is false, the If statement is ignored and the
program jumps here
```

Un ejemplo real:

```
int compare = 10;
if (compare > 5)
{
    //printf() will print the string in the brackets
    printf("Code here will run!");
}
```

**Salida:**

> Code here will run!

Esto le permite a un programador controlar el flujo del programa y elegir que situaciones sucedan cuando una posibilidad es cierta, veremos más ejemplos luego.

Frase Else

Los Else ("de otro modo" en inglés) son opcionales pero pueden añadirse al final de una frase if y sólo correrá si la condición de la frase if es falsa

```
if (Condition)
{
    //Code will run here if Condition is True
}
else
{
    //Code will run here if Condition is False
}
```

Las frases else también pueden volverse una frase else/if dónde una nuva frase if es añadida, se ve así:

```
if (Condition1)
{
```

```
        //Code will run here if Condition1 is True
}
else if(Condition2)
{
        //Code will run here if Condition1 is False and
Condition2 is True
}
//If neither are true no code will run
```

Puedes también encadenar otra frase else en una frase else efectivamente creando una cadena infinita. Si alguna de las condiciones a lo largo de la cadena es Verdadera, las que estén debajo de ella no son chequeadas, te lo demostraré a continuación:

```
int main()
{
        _Bool false = 0;
        _Bool true = 1;

        if (false)
        {
                printf("Condition 1");
        }
        else if (true) //This condition is true!
```

```
        {
                printf("Condition 2");
        }
        else if (true) //Ignored, due to previous else statement
being true
        {
                printf("Condition 3");
        }
        else if (true) //Also ignored due to condition 2 being
true
        {
                printf("Condition 4");
        }
}
```

**Salida**

> Condition 2

Luego de que el cuerpo de la condición 2 (condition 2) es tocado y la frase **printf** es ejecutada, el programa no chequea las otras frases.

Ejercicio

Crea un programa que imprima si un valor es mayor o menor que otro, usa el esqueleto del programa siguiente para iniciar.

Entonces en este caso deberías imprimir "Value 1 es mayor"
(Nota: Usa **printf()** para imprimir)

```c
#include <stdio.h>

int main()
{
    //Values you change
    int value1 = 10;
    int value2 = 5;

    //PUT CODE HERE
}
```

## Solución

La solución podría ser algo como esto:

```c
#include <stdio.h>

int main()
{
    //Values you change
    int value1 = 10;
    int value2 = 10;
```

```
if (value1 == value2)
{
        printf("Values are equal!");
}
else if (value1 > value2)
{
        printf("Value 1 is bigger!");
}
else
{
        printf("Value 2 is bigger!");
}
}
```

Sólo cambia los valores de value1 y value2 (valor 1 y 2 respectivamente) antes de que corras el programa para probarlo.

## Usar Condiciones Múltiples

Puedes usar más de una condición en una sola frase, hay dos maneras de hacer esto **AND** simbolizado por **&&** y **OR** simbolizado por (Barra Vertical Doble).

**AND** revisa si ambas condiciones son ciertas antes de activar el cuerpo de la frase

```
if (Condition1 && Condition2)
{
    //Code will run here if Condition1 AND Condition2 are
True
}
```

OR revisa si una de las condiciones es verdadera antes de activar el cuerpo de la frase

```
if (Condition1 || Condition2)
{
    //Code will run here if Condition1 OR Condition2 are
True (Works if both are true)
}
```

Repaso

- Frase If  trata con frases condicionales, el código dentro de su cuerpo correrá si la condición es verdadera

- Frase else   usada como una extensión de una frase if que sólo es revisada si la frase if es falsa

- && usada   para encadenar dos condiciones y sólo retornara verdadero si ambas son verdaderas

- | | (Barra Doble)   Usada para encadenar dos condiciones y sólo retornará verdadero si una de las condiciones es verdadera

Switch-Case

Los Switch cases son usados para probar una variable por igualdad con una expresión constante sin la necesidad de múltiples frases if. Un uso para esta estructura es revisar la entrada del usuario de cadenas de caracteres. A continuación está la estructura básica del switch case:

```
//Switch-Case
switch (expression)
{
//Case statement
case constant-expression:
        break; //Break isn't needed

//Any number of case statements
// |
// |
//\ /
```

```
// .

default:
      break;
}
```

El switch empieza con una "expresión", esta es la variable
que va a ser comparada con las "expresiones constantes",
estas constantes son los valores literales de la variable tales
como "1" o "Z". Los breaks son opcionales pero sin ellos el
código "fluirá" hacia otras frases. Hay un ejmplo a
continuación usando una frase switch case, el usuario
introduce un carácter si el carácter es N o Y, "No" y "Yes"
es la salida respectivamente pero hay un case por defecto que
aplica para todas las situaciones, este tiene que estar al final.

```
char character;

//Reads in user input (Explained in more detail later)
scanf("%s", &character);

      //Switch-Case
switch (character)
{
      case 'N':
            printf("NO\n");
            break;
```

```c
        case 'Y':
                printf("YES\n");
                break;
        default:
                printf("Do not understand!\n");
                break;
}
```

Si no hay una frase **break** en, ocurrirá un "flujo", adelante hay un ejemplo como el anterior pero sin las frases break y veremos cómo será la salida:

```c
char character;

//Reads in user input (Explained in more detail later)
scanf("%s", &character);

//Switch-Case
switch (character)
{
    case 'N':
        printf("NO\n");
    case 'Y':
        printf("YES\n");
    default:
        printf("Do not understand!\n");
}
```

Si "N" es la entrada del usuario, la salida será:

```
>NO
>YES
>Do not understand!
```

Esto es porque cuando una frase case es activada continuará hasta que una frase break se encuentre para dejar de correr el cuerpo del código case.

Iteración

La iteración significa hacer bucles, y hacer bucles rápidamente da a los programas la habilidad de llevar a cabo muchas operaciones similares muy rápidamente, hay dos tipos de iteración: "bucles for" y "bucles while/ bucles do-while"

Bucle For

Al bucle for se le da un valor final y genera un bucle hasta ese valor, mientras sigue en qué número de bucle está actualmente, aquí está un ejemplo:

```
for(int x = 0; x > 10; x++)
{
    printf("Looped!");
}
```

```
for(int x = 0; x > 10; x++)
```

Cada parte del bucle for tiene un rol

## Rojo

Esta es la sección de declaración para definir la contra variable del bucle, esto define el punto de inicio de la variable de control (counter variable)

## Verde

Esta sección se llama la Condicional y contiene una frase condicional que es revisada al final del bucle para ver si la frase if debería seguir generando el bucle, entonces en este caso el bucle debería continuar **si x >10**, si la condición se vuelve falsa, el bucle no continuará.

## Blue

La frase azul es la sección de *Incremento*, dónde la contra del bucle es incrementada (en valor), la **x++** es la forma corta de **x= x+1,** también puede ser **X--,** si hubiese un caso que requiriera que la variable de control disminuyera.

- La sección de declaración define la variable de control del bucle

- La sección condicional continúa el bucle si es verdadera

- La sección de incremento es dónde la variable de control del bucle es incrementada

## Bucles Condicionales

Los bucles condicionales funcionan como el bucle for pero no tienen una contra de bucle y sólo funcionarán mientras una condición sea Verdadera. Esto significa que puedes crear un bucle infinito, de la siguiente manera:

```
while (TrueCondition)
{
    printf("This will not stop looping");
}
```

*Nota:*

Un bucle infinito normalmente es construido usando un bucle for desnudo:

```
for(;;)
{
    printf("This will also never stop looping");
}
```

Este bucle nunca terminará y tu programa se quedará atascado en el bucle.

El ejemplo siguiente muestra que si la condición es falsa el programa nunca llegará al código entre paréntesis

```
while (FalseCondition)
{
    printf("This code will never run");
}
```

Para usar este bucle efectivamente puedes usarlo con una frase condicional (como la frase if) o puedes usarlo con una variable booleana, los ejemplos están a continuación

```
int count = 0;
while (count > 10)
{
    printf("loop");

    //Remember this, it's the same as "count = count + 1;"
    count++;
}
```

Como dice anteriormente, también puedes usar un bucle while directamente con una variable Booleana:

```
int count = 0;

_Bool keepLooping = 1; //Bool is true (1) is true

while (keepLooping)

{

    printf("loop\n");


    //Remember this, it's the same as "count = count + 1;"

    count++;


    if(count == 3)

    {

        keepLooping = 0; //keepLooping is now false, and
the loop will stop

    }

}
```

esto es muy similar a cómo opera un bucle for, pero es importante entender los diferentes usos para un bucle while.

*Nota:*

La sección en los paréntesis del bucle while está revisando si esa condición es verdadera, también puedes escribirla de la siguiente forma:

```
while(!stopLooping) {}
```

Esto está diciendo efectivamente, sigue realizando el bucle mientras stopLooping) no "es verdadera", el "!"es un símbolo que significa "no".

## Do-While

Un bucle do-while es casi exactamente lo mismo que un bucle while pero con una pequeña diferencia, revisa si la condición es verdadera luego de ejecutar el código en el cuerpo del bucle, un bucle while revisa si la condición es cierta antes de ejecutar el cuerpo. El snippet del código siguiente muestra esta diferencia:

```
_Bool falseCondition = 0;

while(falseCondition)
{
    printf("While Loop\n");
```

```
}

do

{

    printf("Do Loop\n");

} while(falseCondition)
```

**Salida:**

> Do Loop

Debido a que incluso si el Booleano es falso, el bucle Do es ejecutado una sola vez porque la revisión estaba al final del cuerpo.

Usando un Bucle Do

Un ejemplo de la vida real de un bucle do genial es revisar la entrada del usuario, imprime y solicita una entrada si todo está bien, no hay necesidad de realizar un bucle, si no, hará un bucle. Un ejemplo buscando que el usuario introduzca una "z" se muestra a continuación

```c
#include <stdio.h>
int main()
{
        //Will loop if this is false
        _Bool correct = 1;
        do
        {
                printf("Please enter the letter 'z': ");

                //Takes in user input
                char z;
                scanf("%s", &z);

                //Checks if answer is correct
                if (z != 'z')
                {
                        //Incorrect
                        correct = 0;
                        printf("Incorrect!\n");
                }
                else
                {
                        //Correct
                        correct = 1;
                }
        } while (!correct);

        //If the user has completed the task
        printf("Correct!");
```

```
}
```

## Palabras clave de control de bucles

A veces hay situaciones dónde quieres detener prematuramente el bucle entero o una sola iteración (bucle), aquí es dónde las palabras clave de control de bucle entran en uso.

Tienes las palabras clave **break** o **continue:**

**break** – detendrá el bucle entero, esto puede ser útil si una respuesta ha sido encontrada y el resto de las iteraciones planeadas no tendrían sentido.

```
for (int x = 0; x < 5; x++)
{
        if (x == 3)
        {
                break;
        }

        //The technicalities of this statement will be explained later
        printf("Loop value: %d", x);
}
```

---

**Salida:**

> Loop value: 0

> Loop value: 1

> Loop value: 2

---

Ahora si el código se cambia para no incluir el break:

---

```
for (int x = 0; x < 5; x++)
{
        //The technicals of this statement will be explained
later
        printf("Loop value: %d", x);

}
```

---

**Salida:**

> Loop value: 0

> Loop value: 1

> Loop value: 2

> Loop value: 3

> Loop value: 4

---

**Continue** – si usamos el código anterior pero lo reemplazamos con un **continue**, el código se verá así::

```
for (int x = 0; x < 5; x++)
{
        if (x == 3)
        {
                continue;
        }

        //The technicals of this statement will be explained
later
        printf("Loop value: %d", x);
}
```

La salida sería así:

```
Salida:
> Loop value: 0
> Loop value: 1
> Loop value: 2
> Loop value: 4
```

Esto muestra que cuando **x=3**, **continue** es ejecutado y el bucle es saltado al igual que la frase **printf** también es saltada, de modo que no hay "loop value: 3"

Bucles anidados

También puedes colocar bucles dentro de bucles para realizar roles específicos, en el ejemplo estamos usando bucles for, pero esto también puede hacerse con el bucle while/do

El ejemplo es imprimir un 2D grid, el bucle for anidado da otra dimensión:

```c
//Prints a 5x5 grid
for (int y = 0; y < 5; y++)
{
        for (int x = 0; x < 5; x++)
        {
                //Prints an element of the row
                printf("X ");
        }

        //Moves down a row
        printf("\n");
}
```

**Salida**

```
> X X X X X
> X X X X X
> X X X X X
> X X X X X
> X X X X X
```

Funciones

Las funciones son los bloques de construcción de un programa, permiten la reutilización del código, la habilidad de mantenerlo legible y evita que el programador repita código. Repetir código es altamente poco aconsejable debido a que los bugs serán repetidos múltiples veces y los cambios al código también requieren repetición. Las funciones dan una zona centralizada controlada qu trata con los distintos roles del programa.

Un método tiene dos elementos, **parámetros:** (objetos pasados a la función) y el **tipo de retorno** (la variable siendo retornada) ambos son opcionales y puedes tener una función sin ninguno.

Una función debe ser definida sobre su llamada, de la siguiente forma;

```
//Function definition
```

```c
void Print_Smile()
{
        printf(":)\n");
}

int main()
{
        //Method call
        Print_Smile();

        return 0;
}
```

**Y esta manera al contrario sería incorrecta:**

```
int main()
{
        //Method call [ERROR HERE]
        Print_Smile();

        return 0;
}

//Function definition
void Print_Smile()
{
        printf(":)\n");
}
```

## Function Parameters

A veces podría ser útil pasar los datos a un programa, hay dos tipos de parámetros introducir, referencia y valor (**reference** y **value** respectivamente en inglés). Introducir una referencia es como suena, pasa directamente una referencia directa a una variable, no una copia, de modo que cualquier cambio en esa variable pasada afectan a la original al usar la función. Introducir un valor es el paso de una copia de una variable, de modo que cualquier cambio a esa variable no afecta la variable pasada.

Pasar una referencia no es directamente soportado por C, pero el efecto es posible cuando se trata con apuntadores (hablaremos de esto en la sección avanzada)

- Pasar referencia significa que los cambios al parámetro tienen efecto en la variable pasada

- Pasar valor significa que los cambios al parámetro no afectan la variable pasada

Un ejemplo de pasar valor es dado a continuación;

```c
void Add(int num1, int num2)
{
    //Adds values together
    int newValue = num1 + num2;

    //Prints result
    printf("The result is: %d", newValue);
}

int main()
{
    //Method call
    Add(10, 4);

    return 0;
}
```

**Salida:**

> The result is: 14

En este caso la función tiene dos parámetros enteros que toma e imprime el resultado. No veas muy en profundo la frase **printf,** hablaremos de por qué se usa ""%d"" y cómo usar **printf** después.

A continuación hay otro ejemplo pero esta vez una cadena de caracteres es usada como parámetro:

```
void PrintStr(char printData[])
{
        printf(printData);
        printf("\n");
}
```

*"char printData[]"*es la variable de parámetro y permite que los datos sean usados en esas función, en este caso está imprimiendo la cadena de caracteres de char. La llamada de método luce así:

```
PrintStr("Flying Squirrel");
```

Esta es una característica increíblemente útil que nos permite hacer código de propósito general y cambiar la salida de su función por lo que es introducido como un parámetro.

Retornar valores

Retornar nos permite devolver datos de un método, esto nos permite hacer computación dentro de una función y hacer que la función automáticamente retorne el resultado. Vamos a tomar uno de los ejemplos anteriores y vamos a adaptarlo de modo que retorne el resultado en lugar de imprimirlo:

```cpp
int Add(int num1, int num2)
{
        //Adds values together
        int newValue = num1 + num2;

        //Returned keyword
        return newValue;
}

int main()
{
        //Method call
        int storeResult = Add(10, 4);

        return 0;
```

```
}
```

Las áreas que cambiaron han sido resaltadas. Cuando un valor tiene que ser devuelto, la palabra clave "return" es usada, luego de esta línea ha corrido, **se devuelve a la línea dónde el método fue llamado,** de modo que cualquier código debajo del retorno **no correrá.**

El resultado devuelto es luego guardado en "storeResult" para ser usado después. Se puede retornar con cualquier tipo de variable. Te mostraré un ejemplo a continuación que revisa si el número es par (usando el operador módulo mencionado anteriormente, que encuentra el resto de una división):

```c
_Bool EvenNumber(int value)
{
        if (value % 2 == 0)
        {
                //Return true
                return 1;
        }
        return 0;
}

int main()
{
        if (EvenNumber(2))
        {
```

```
                printf("Even number!");
        }

        if (EvenNumber(5))
        {
                printf("Even number!");
        }

        return 0;
}
```

| Salida: |
| --- |
| >Even number! |

Este programa usa la variable de retorno del método EvenNumber como un condicional para la frase if, y si es verdadero imprimirá "Even Number!". Como puedes ver, el primero imprime pero el segundo no.

### Recursión

La recursión es un concepto difícil y sólo será tocado ligeramente aquí, y sus usos reales y su funcionalidad serán explicados en la siguiente sección.

La recursión es una definición de *comandos de funciones* involucrando una referencia a sí mismas, sí, bastante confuso, lo sé, pero uso algunos ejemplos para explicarlo.

```c
const int maxLoops = 5;
void Sequence(int previous, int now, size_t loopCount)
{
        //Works out next value
        int next = previous + now;

        //Prints new value
        printf("New value: %d\n", next);

        //Increments counts
        loopCount++;

        //Stopping condition to make sure infinite looping
doesn't occur
        if (loopCount < maxLoops)
        {
                //Recursive call
                Sequence(now, next, loopCount);
        }
}

int main()
{
        Sequence(1, 1, 0);
```

```
}
```

**Salida:**

>New value: 2

>New value: 3

>New value: 5

>New value: 8

>New value: 13

Hay algunas cosas que notar, la falta de bucles de iteración, la recursión en esencia causa bucles. La segunda cosa a notar es la frase if resaltada "stopping condition", si la recursión no tiene condiciones que detengan el bucle, realizará el bucle para siempre, entonces este es un elemento crucial para usar la recursión efectivamente. Si no comprendes totalmente aún, no te preocupes, entraremos en más detalle con ello en la sección avanzada del tutorial.

Arreglos

Los arreglos han sido mencionados anteriormente, son una estructura de datos que contienen un número fijado de variables una al lado de otra en memoria. Se le dará al arreglo un tipo, por ejemplo "int". Los arreglos son usados para definir rápidamente muchas variables y mantener las variables relevantes juntas. Un arreglo se define a continuación:

Un tamaño estático, con el tamaño en los corchetes:

```
int lotsOfNumber[20];
```

O puedes definir valores en la definición, **Nota**: un tamaño no necesita ser definido ya que es determinado automáticamente por el número de valores que específicas:

```
int lotsOfNumbers[] = {1,3,4};
```

- **Los arreglos empiezan en 0,** de modo que el primer índice tiene un valor identificador de 0, el segundo es 1 y así sucesivamente. Esto significa que cuando accedes a valores, tienes que recordar que siempre es el predecesor del número que contiene

Puedes acceder a un índice de la siguiente manera:

```
int var = lotsOfNumbers[0];
```

Esto agarrará el primer índice del arreglo y lo colocará en "var".

Los arreglos son muy útiles para acceder a los datos estrechamente relacionados muy rápidamente, puedes usar un bucle for para hacer un bucle a través de los índices y usarlos de forma apropiada. A continuación se da un ejemplo de ello:

```
int lotsOfNumbers[] = { 1, 3, 4, 10};
for (int x = 0; x < 4; x++)
{
        printf("%d\n", lotsOfNumbers[x]);
}
```

**Salida:**

> 1

> 3

> 4

> 10

En C no puedes obtener la longitud directamente y tienes que trabajarla, esto puede hacerse simplemente usando la palabra clave **sizeof()**, esta regresa el tamaño de los elementos en los corchetes, entonces por ejemplo en una máquina de 64 bits un **int** debería ser representado usando 4 bytes, de modo que **sizeof** regresará 4. La longitud de un arreglo puede obtenerse de la siguiente forma:

```
int arrayLength = sizeof(lotsOfNumbers) /
sizeof(lotsOfNumbers[0]);
```

Esto toma el tamaño entero del arreglo, y lo divide por el primer elemento y la división da cuantos índices contiene el arreglo.

Arreglos multi-dimensionales

Puedes definir también una segunda dimensión en el arreglo o inclusive una tercera, esto da más flexibilidad cuando se trabaja con arreglos. Por ejemplo, un arreglo 2D puede usarse para guardar coordenadas o posiciones de un grid. Un arreglo 2D se define así:

```
int arrayOfNumbers[][2] = { {1,1}, {1,1}};
```

Puedes acceder un elemento al colocar los valores en los corchetes para las coordenadas x e y

```
int element = arrayOfNumbers[X][Y]
```

La diferencia obvia es que la segunda dimensión **necesita** un valor, esto no puede resolverse automáticamente cuando se crea un arreglo y que la iniciación requiera llaves anidadas. A continuación está el ejemplo 3D:

```
int arrayOfNumbers[][][2] = {{{1,1},{1,1}},{{1,1},{1,1}}};
```

Pero en esta etapa está empezando a perder legibilidad y es mucho mejor practicar ordenarlo de la siguiente manera:

```
int arrayOfNumbers[][][2] =
{
        {{1,1},{1,1}},
        {{1,1},{1,1}}
};
```

## Passing Arrays in functions

Como vimos cuando aprendimos acerca de funciones previamente, introducir variables como parámetros puede ser muy útil e introducir variables guardadas en un arreglo también puede serlo. Sin embargo, aprendimos previamente cómo determinar el tamaño de un arreglo, pero **esto no funciona** con un arreglo introducido como un parámetro, entonces debemos introducir una variable que represente el número de elementos que está guardando el arreglo. Hay un tipo de variable especial usada para guardar variables discretas, es llamada size_t y es un valor entero sin signo (esto quiere decir que no puede ser negativo) usada para guardar valores para contar.

A continuación se da un ejemplo de un arreglo siendo introducido como un parámetro:

```
void Print_SingleDimenArray(size_t length, int ageArray[])
{
        //Length is used to dynamically determine the for
loop length
        for (int i = 0; i < length; i++)
        {
                printf("%d\n",ageArray[i]);
        }
}
```

```
int main()
{
        //An array of ages
        int ages[] = { 32, 11, 12, 1, 8, 5, 10 };

        //Size is determined as shown previously
        size_t ageLen = sizeof(ages) / sizeof(ages[0]);

        //Method call
        Print_SingleDimenArray(ageLen, ages);
}
```

**Salida**

>32

>11

>12

>1

>8

>5

>10

El arreglo ha sido introducido y usado para imprimir valores. La longitud del arreglo es crucial para el programa, puesto que permite al bucle for funcionar para arreglos de longitud variable.

- Cualquier cambio a un arreglo en cualquier método cambiará la variable del arreglo en el método usado. Esto es lo que fue mencionado anteriormente como **pasar referencia**, el arreglo entero no es copiado y es pasado por referencia con un pequeño error que ocurre.

### Extra-Avanzado

No es crucial entender esto, pero voy a explicar el porqué determinar el tamaño de un arreglo luego de que es introducido como un parámetro no dará el resultado correcto.

Cuando un arreglo es introducido como un parámetro el elemento de la primera posición es introducido (este es un apuntador, te prometo que lo trataremos luego) y cuando usas **sizeof** para agarrar el tamaño del "arreglo" ,estás obteniendo solamente el tamaño del primer elemento regresado.

### Entrada del Usuario

A veces es necesario obtener una entrada del usuario en la forma de una opción o un nombre, etc. Hay algunas maneras de hacer esto pero los métodos más directos son las funciones **scanf()** y **printf()**.

Antes de que ahondemos en cómo funcionan, primero debemos entender el tipo básico de identificadores para **scanf()** y **printf()**: (Esta no es una lista completa)

| Formato de ID | Entrada Válida | Tipo necesitado para el argumento |
|---|---|---|
| %c | Caracteres sencillos, lee los caracteres sucesivamente | char |
| %f | Valores flotantes | float |
| **%d** | **Entero Decimal** | **int** |
| %o | Octal | int |
| %u | Decimal sin signo entero (no tiene un signo y sólo es un entero positivo) | int |
| %x | Hexadecimal | int |
| **%s** | **Cadena de caracteres y continuará leyendo hasta que se encuentre un espacio en** | **char[]** |

| | **blanco** | |
|---|---|---|

**scanf()** funciona al agarrar la entrada de usuario e introducir una variable:

```
char name[20];
scanf("%s", name);
```

Y un ejemplo de agarrar un valor entero:

```
int userInputInt;
scanf("%d", &userInputInt);
```

**Nota:** el uso de la "&" para userInputInt. Esto está diciendo que es una referencia exacta a la ubicación de memoria de userInputInt y el valor leído del usuario es colocado en esa variable entera al añadirlo a esa ubicación de memoria.

**printf** se usa para mostrar información de la consola para la depuración e interfaces de usuario. **printf** también usa el mismo formato de ID que **scanf** y estos formatos son usados como marcadores, el ejemplo a continuación muestra la impresión de una cadena de caracteres y un entero respectivamente:

Entero

```
int number = 10;
printf("%d", number);
```

Cadena de Caraceteres

```
char word[] = "Lemon";
printf("%s", word);
```

Estos formatos de ID funcionan como marcadores y **printf** puede tomar múltiples parámetros dependiendo del número de formato de ID presente en la cadena de caracteres impresa. Por ejemplo:

```
int number = 10;
char word[] = "Lemon";
printf("A fruit is: %s and here is a number: %d", word,
number);
```

Cada formato de ID es reemplazado en orden por los parámetros, en este caso "%s" es reemplazado por Word y "%d" es reemplazado por number. Esto puede funcionar con tantos números de formato de ID como sea necesario.

## fputs()

**fputs()**es la alternativa más sencilla cuando **quieres imprimir una cadena de caracteres** a la consola. **fputs()** no usa el formato de ID que **printf()** usa así que no necesita revisar un formato y es ligeramente más rápido. También coloca automáticamente una    al final de la línea impresa.

Quiz Capítulo 2

Esta sección está diseñada para mantener tus pies en el contenido anterior, habrá 10 preguntas que puedes responder para probar tu conocimiento, a continuación en la sección siguiente estarán las respuestas.

1. ¿Nombre un tipo de datos que se use para guardar números decimales?

2. ¿Cuáles son los dos valores que puede guardar un booleano?

3. ¿Qué es una frase de condición?

4. Nombre las tres secciones que conforman el bucle for

5. ¿Qué logra la palabra clave **continue**?

6. ¿Puede una función válida no regresar un valor, y de ser así qué tipo de datos se usa?

7. ¿Cuántos parámetros puede tener una función?

8. ¿Cuál es la diferencia entre **printf** y **puts**?

9. ¿Qué tipo es una entrada válida para este formato de id "%d"?

10. ¿Qué código usarías para encontrar cuántos valores puede guardar un arreglo?

# Capítulo 3

# Básicas Avanzadas

Los apuntadores han sido mencionados previamente y son la dirección de memoria de una variable, esto es similar a la dirección de habitación para una persona. Puede ser tomado como un parámetro y permitir los efectos de **pasar por referencia**, mencionados anteriormente.

El programa a continuación mostrará la dirección de una variable:

```
#include <stdio.h>

int main()
{
    int var;

    printf("The address is: %x\n", &var);

    return 0;
```

```
}
```

**Salida**

> The address is: 10ffa2c

*Nota: esto será diferente casi cada vez que lo corras*

Nota la frase resaltada, la "**&**" (Operador Referenciar) se usa para regresar la ubicación de memoria de la variable y permite que ciertas frases accedan a los datos en esa ubicación. La "%x" se usa porque una ubicación de memoria está en hexadecimal.

Para crear un apuntador, usamos el operador des-referenciación (*), esto creará una variable apuntador que está diseñada para guardar una dirección de ubicación de memoria. A continuación está un programa que crea un apuntador y usa un operador referencia (&) para guardar otra dirección de variable regular en el recientemente creado apuntador. El operador des-referenciar (*) también se usa para ingresar o cambiar los datos actuales en esa ubicación de memoria.

- El operador des-referenciar (*) se usa para crear un apuntador, también se usa para cambiar el valor real

- El operador referenciar (&) se usa para obtener la ubicación de memoria de un apuntador

```
//Regular variable
int var = 10;

//Pointer
int* pointer;

//Storing of var memory location
pointer = &var;

//Pointer is now effecivly 'var' so
//things like this can happen
*pointer = 20;

printf("Var's value is now: %d", var);
```

**Salida**

>Var's value is now: 20

Apuntadores NULOS

Cuando creas un apuntador inicialmente no se le da nada a lo que apuntar, esto es peligroso porque el apuntador cuando es creado referencia memoria al azar y cambiar estos datos en la ubicación de memoria puede hacer fallar el programa. Para evitar esto, cuando creamos un apuntador lo asignamos a NULO (NULL) de la siguiente manera:

```
int* pointer = NULL;
```

Esto significa que el apuntador tiene una dirección de "0", esta es una ubicación de memoria reservada para identificar un apuntador nulo. Un apuntador nulo puede ser revisado por cualquier frase if:

```
if (pointer) {}
```
This will succeed if the pointer **isn't** null.

Usar apuntadores

Ahora algunos usos reales de los apuntadores son introducirlos como parámetros y efectivamente **pasarlos por referencia**. El ejemplo a continuación mostrará el efecto:

```
void Change_Value(int* reference)
{
        //Changes the value in the memory location
        *reference = 20;
}


int main()
{
        //Creates pointer to variable
        int var = 10;
```

```
        int* pointer = &var;

        printf("The value before call: %d\n", var);

        //Method call
        Change_Value(pointer);

        //Prints new value
        printf("The value after call: %d\n", var);

        return 0;
}
```

**Salida**
>The value before call: 10
>The value after call: 20

Esto pasa la ubicación de la memoria el valor de la variable, significando que tienes la ubicación donde haces los cambios.

Nota que el parámetro es **int\***, este es el tipo de apuntador, entonces, para un ejemplo de un apuntador a char sería **char\***.

Apuntador Aritmético

Hay veces en las que mover un apuntador junto a otra ubicación de memoria podría ser útil, aquí es dónde el operador aritmético entra en uso. Si quisiéramos ejecutar **ptr++** y **ptr** como un apuntador entero, ahora avanzaría 4 bytes (tamaño de un int), y si quisiéramos correrlo de nuevo, se movería otros 4 bytes, etc. Esto puede significar que un apuntador (si apunta a un arreglo de estructuras válido) puede actuar igual que un arreglo. Un ejemplo se da a continuación:

```c
int arrayInt[] = { 10, 20, 30 };
size_t arrayInt_Size = 3;

//Will point to the first array index
int* ptr = &arrayInt;


for (int i = 0; i < arrayInt_Size; i++)
{
    //Remember, *ptr gets the value in the memory location
    printf("Value of arrayInt[%d] = %d\n", i, *ptr);

    ptr++;
}
```

**Salida**
>Value of arrayInt[0] = 10
>Value of arrayInt[1] = 20
>Value of arrayInt[2] = 30

Esto muestra que un apuntador a la primera ubicación del arreglo puede ser incrementado junto con las ubicaciones del arreglo (recuerda que cada valor de un arreglo es guardado en ubicaciones de memoria contiguas)

Puedes hacer lo contrario y disminuir un apuntador, es decir, hacer disminuir el valor de los apuntadores.

También hay una forma de comparar apuntadores usando operadores relacionales tales como $==$, $<$ y $>$. El uso más común para esto es revisar si dos apuntadores apuntan a la misma ubicación:

```c
int value;

//Assigns ptr1 and prt2 the same value
int* ptr1 = &value;
int* ptr2 = &value;

//ptr3 is assigned another value
int* ptr3 = NULL;

if (ptr1 == ptr2)
{
        printf("ptr1 and ptr2 are equal!\n");
}

if (!ptr1 == ptr3)
{
        printf("ptr1 is not equal to ptr3\n");
}
```

Esto revisa si los apuntadores son iguales. Lo mismo puede hacerse con > y <.

Apuntadores de función

Lo mismo que puedes hacer con las variables lo puedes hacer con las funciones, a continuación se presenta un snippet de código que muestra un apuntador de función siendo definido. Las secciones clave serán resaltadas:

```c
void printAddition(int value1, int value2)
{
        int result = value1 + value2;

        printf("The result is: %d", result);
}

int main()
{
        //Function pointer definition
        //<retrunType>(*<Name>)(<Parameters>)

        void(*functionPtr)(int, int);
        functionPtr = &printAddition;

        //Invoking call to pointer function
        (*functionPtr)(100, 200);

        return 0;
}
```

La estructura básica para definir un apuntador de función es la siguiente

<Return_Type> (*<Name>) (<Parameters>)

Dónde en este caso:
**<Return_Type>** = void
**<Name>** = functionPtr
**<Parameters>** = int, int

Este apuntador de función puede ser ahora introducido como un parámetro y usado en situaciones dónde quisieras cambiar el comportamiento del código pero con casi el mismo código.

Un ejemplo podría ser escoger dinámicamente qué operación debería realizar una calculadora *(Nota: este es un código complejo y debería ser usado como un ejemplo simple, así que no te preocupes si no lo comprendes todo)*

```c
void calculator(int value1, int value2, int(*opp)(int,int))
{
        int result = (*opp)(value1, value2);
        printf("The result from the operation: %d\n", result);
}

//Adds two values
int add(int num1, int num2)
{
        return num1 + num2;
}
```

```
//Subtracts two values
int sub(int num1, int num2)
{
        return num1 - num2;
}

int main()
{
        calculator(10, 20, &add);
        calculator(10, 20, &sub);

        return 0;
}
```

Aquí lo que está sucediendo es que estamos pasando la función "add" y "sub" como parámetros para la función calculadora, como puedes ver en la parte resaltada, el parámetro de la función se define como está anteriormente con el tipo de retorno, nombre y los parámetros siendo definidos, todo lo que es introducido en la calculadora es &add y &sub para los apuntadores de función. La función calculadora luego procede a invocar el apuntador e introduce los valores y regresa el resultado.

Clasificaciones de Almacenamiento

En C se le puede dar a cada variable una clase de almacenamiento que puede definir ciertas características.

Las clases son

- o **Variables automáticas**
- o **Variables estáticas**
- o **Variables de registro**
- o **Variables Externas**

Variables Automáticas

Cada variable que hemos definido hasta ahora ha sido una variable automática, son creadas cuando una función es usada, y son automáticamente destruidas cuando una función sale. Estas variables son también conocidas como *variables locales*.

```
auto int value;
```

Es lo mismo que

```
int value;
```

Variables Estáticas

Las variables estáticas son usadas cuando quieres evitar que la variable sea destruida cuando se va fuera de vista, esta variable persistirá hasta que el programa esté completo. La variable estática se crea **sólo una vez** a lo largo del tiempo de vida del programa. A continuación hay un ejemplo de una variable estática en uso:

```
void tick()
{
    //This will run once
```

```
    static int count = 0;

    count++;
    printf("The count is now: %d\n", count);
}


int main()
{
    tick();
    tick();
    tick();
}
```

**Salida**
>The count is now: 1
>The count is now: 2
>The count is now: 3

La sección de área resaltada es la definición de la estática y sólo correrá una vez.

Variables de Registro
La variable de registro se usa para definir una variable que debe ser guardada en la memoria de registro en contraposición a la memoria regular, el beneficio que tiene la memoria de registro es que es mucho más rápida para acceder, sin embargo, sólo hay espacio para unas pocas variables.

Definir una variable de registro se hace de la siguiente manera:

```
register int value;
```

## Variable externa

Tocamos esto antes, pero una variable global es una variable no definida en un ámbito, y por lo tanto puede ser usada en cualquier lugar. Una variable externa es una variable definida en una ubicación separada como otro archivo la palabra clave **extern** se usa para señalar que la variable está en otro archivo. Incluirías otro archivo como referencia al colocarlo encima de tu archivo:

```
#include "FileName.c"
```

Esto es para decirle al programa que referencie este archivo también. Nota que los archivos tienen que estar en la misma ubicación.

Programa1 [File_2.c]

```
#include <stdio.h>
#include "C_TUT.c"
```

```
int main()
{
    extern int globalValue;
    printf("The global variable is: %d", globalValue);
}
```

Programa 2 (es pequeño) [C_TUT.c]

```
#include <stdio.h>

int globalValue = 1032;
```

La **salida** de correr el ArchivoFile_2.c:

>The global variable is: 1032

Esto muestra que **globalValue** es referenciado de C_TUT.c
y usado en otro archivo al usar la palabra clave externa.

Archivo I/O

Habrán casos en los que tendrás que retener datos pasada la
duración del tiempo de vida de un programa, aquí es dónde
ahorrar cargar un archivo llega a usarse. Hay dos tipos de
archivos principales usados

- Archivos de Texto

- Archivos Binarios

Para empezar tendrás que crear un apuntador de tipo "ARCHIVO" que permitirá la comunicación entre archivo y programa. Esto se hace de la siguiente manera:

```
FILE* ptr;
```

## Abrir un Archivo

Si este archivo ya existe puedes abrirlo y leer su contenido, esto se haría al usar:

```
ptr = fopen(char* filename, char* mode)
```

Dónde:

filename = nombre del archivo a abrir

mode = este es el modo en el que abrir el archivo, la lista completa se da a continuación

| Modo | Descripción |
| --- | --- |

| | |
|---|---|
| r | Abre el archivo para lectura |
| w | Abre el archivo para escritura, si el archivo no existe se crea un nuevo archivo. El programa empezará a escribir contenido desde el inicio del archivo. |
| a | Modo adición, si el archivo no existe es creado. Cualquier cambio a un archivo existente será añadido al final. |
| r+ | Abre el archivo para lectura y escritura |
| w+ | Abre el archivo tanto para lectura como para escritura. Primero trunca (corta)la longitud del archivo a cero si existe, si no existe crea un nuevo archivo |
| a+ | Una vez más abre el archivo para lectura y escritura. Si el archivo no existe uno nuevo es creado. La lectura empieza en el inicio pero la escritura sólo se añade al final del archivo. |

## Cerrar un Archivo

Esto es genial y simple, sólo tienes que correr:

```
fclose(ptr);
```

## Escribir a un archivo

Hay dos maneras diferentes de escribir a un archivo, usando **fprintf()** y **fputs()**. Como los comandos de impresión de la consola **printf()** y **puts()**. La única diferencia realmente es que **fprintf()** te permite usar el formato de ID como "%s" y **fputs()** no. Esto significa que **fputs()** no necesita revisar un formato y sólo imprime la cadena de caracteres exacta haciéndolo más rápido. **fputs()** también automáticamente añade una carácter de línea nueva a la cadena de caracteres que es dada, al igual que **puts()**. El ejemplo siguiente muestra cómo abrir, escribir a un archivo y cerrarlo:

```c
#include <stdio.h>

int main()
{
        //Creates the file pointer
        FILE* ptr;

        //Opens the file
        ptr = fopen("C:/C_IO/example.txt", "w+");

        //Writes to the file
        fprintf(ptr, "fprint()\n");
        fputs("fputs()\n", ptr);
```

```
        //Closes file
        fclose(ptr);
}
```

Crea un archivo en el directorio "C_IO" directamente en el disco C (haz esto antes de correr el programa). Usa el modo "w+" de modo que cada vez que el programa es corrido los datos en el archivo son anulados.

También puedes guardar valores usando **frpintf** de la siguiente manera:

```
fprintf(ptr, "%d\n", value);
```

- Para abrir un archivo se usa fopen()

- Para escribir a un archivo se usa

    o fprintf()

    o fputs()

- Para cerrar un archivo se usa fclose()


Ejercicio

- Escribe un programa para guardar la salida de una función add, guárdala al C_IO en C (o tu disco duro principal) que hiciste antes y llamálo "addSave.txt", usa 10 y 25 y tus valores.

## Solución

Debería ser algo como esto, no tiene que ser exacto, siempre hay formas diferentes de hacer las cosas.

```c
#include <stdio.h>

int add(int num1, int num2)
{
        return num1 + num2;
}

int main()
{
        //Grabs the value to save
        int saveValue = add(10, 25);

        //Creates the file pointer
        FILE* ptr;

        //Opens the file
        ptr = fopen("C:/C_IO/addSave.txt", "w+");

        //Writes to the file – This is how printf works but
without the ptrn
        fprintf(ptr, "%d\n", saveValue);
```

```
        //Closes file
        fclose(ptr);
}
```

Tocamos la recursión en la sección básica del tutorial, y de nuevo es la definición de tareas de una función con definición a sí misma. Como se prometió, hay algunos ejemplos más de recursión explicados a continuación:

```
int factorial(int x)
{
        int r;

        //Stopping condition
        if (x == 1)
        {
                //Has a conclusion so looping stop
                return 1;
        }
        else
        {
                //Recursive definition
                return r = x * factorial(x - 1);
        }
}
```

```
int main()
{
        puts("Please enter a number: ");

        //Reads in user input
        int a, b;
        scanf("%d", &a);

        //Starts the execution
        b = factorial(a);
        printf("The factorial is: %d", b);
}
```

Este es el ejemplo famoso de recursión que es usado para encontrar el factorial de un número (3 factorial es 3x2x1). Funciona por la frase de retorno recursivo anterior, se detiene por tener una frase de retorno sin una definición recursiva, por ejemplo, cuando x=1 la función sólo regresa 1, esto significa que la pila puede desenrollarse encontrar una respuesta. A continuación se presenta un diagrama de flujo:

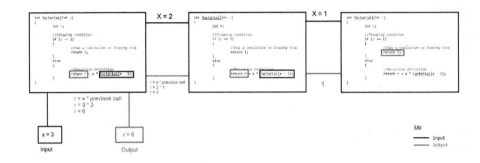

X = 2     X = 1

```
r = x * previous call
r = 2 * 1
r = 3
```

```
r = x * previous call
r = 3 * 3
r = 6
```

1

| x = 3 | | r = 6 |
| Input | | Output |

——— Input
——— Output

90

1.　　　　　¿Qué guarda una variable apuntador?

2.　　　　　¿Qué operador se usa para señalar un apuntador?

3.　　　　　¿Qué hará "++" a un apuntador de tipo int dónde un entero es 4 bytes?

4.　　　　　¿Cuántas veces es inicializada una variable estática a lo largo de la vida de un programa?

5.　　　　　¿Qué pasa cuando defines una variable como "registro"?

6.　　　　　¿Cuáles son las dos funciones principales usadas para escribir a un archivo?

7.　　　　　¿Qué hace el modo w+ de fopen()?

8.　　　　　¿En qué caso tendría éxito el siguiente código? El apuntador es un apuntador entero(pointer)

```
{

}
```

9.　　　　　¿Cómo se llama a "&" y qué hace?

10.　　　　　¿Cuándo pasas un arreglo como un parámetro qué necesitas también para enlazar pasar con él?

# Capítulo 4

# Estructuras Personalizadas

El aspecto personalizable de los lenguajes de programación les permite realizar cualquier rol bajo el sol y el programador puede manipular y elaborar estructuras diseñadas para almacenar y procesar datos.

Estructuras

El primer objeto definido por el usuario al cual nos referiremos es la "estructura", esta permite el almacenamiento personalizado de datos y se define de la siguiente manera::

```
struct Structure-Name
{
      //Statements
};
```

Dónde "frases" son las variables que la estructura va a guardar. La estructura permite el almacenamiento personalizado de datos de forma significativa, al igual que el arreglo, la única diferencia es que un arreglo guarda muchas variables del **mismo tipo**, la estructura permite el almacenamiento de varios tipos, incluso de otras estructuras.

Un ejemplo real se muestra a continuación:

```
struct Person
{
        int age;
        char firstName[15];
        char lastName[15];
        char favoriteColour [10];
};
```

Esta estructura está diseñada para guardar datos acerca de una persona, una nueva persona puede crearse así:

```
struct Person p1;
```

Es muy similar a definir una nueva variable, el ejemplo a continuación muestra que dos personas recientemente creadas contienen valores separados e independientes entre sí:

```
#include <stdio.h>
```

```c
struct Person
{
        int age;
        char firstName[15];
        char lastName[15];
        char favoriteColour[10];
};

void PrintPerson(struct Person p)
{
        printf("First Name:     %s\n", p.firstName);
        printf("Last Name:      %s\n", p.lastName);
        printf("Favourite colour: %s\n", p.favoriteColour);
        printf("Age:            %d\n", p.age);
        puts("");
};


int main()
{
        //Person 1
        struct Person p1;

        p1.age = 10;
        strcpy(p1.firstName,"John");
        strcpy(p1.lastName, "Doe");
        strcpy(p1.favoriteColour, "Red");
```

```
        PrintPerson(p1);

        //Person 2
        struct Person p2;

        p2.age = 25;
        strcpy(p2.firstName, "Lucy");
        strcpy(p2.lastName, "Brown");
        strcpy(p2.favoriteColour, "Yellow");

        PrintPerson(p2);
}
```

**Salida:**

>First Name:      John

>Last Name:      Doe

>Favourite colour:  Red

>Age:            10


>First Name:        Lucy

>Last Name:        Brown

>Favourite colour:  Yellow

>Age:              25

Para copiar un valor de cadena de caracteres a una variable de estructura, tendrás que usar **strepy()**. Este código muestra que cada vez que una nueva persona es creada, también se crea un nuevo conjunto de variables que van junto con esa persona. Esto da una manera muy simple de crear muchas variables significativamente más rápido. También nota cómo cada variable es introducida, usando un punto (operador acceso) :

---

*personName.Variable*

---

p1.age = 10;

---

### Estructuras anidadas

Las estructuras también pueden guardar estructuras, pueden ser o bien: internamente definidas o externamente definidas.

### Definición Interna

Aquí es dónde defines una definición de estructura dentro de la definición de otra variable de estructura. Si usamos el ejemplo de la persona para transformar nombre y apellido en una estructura, se verá del a siguiente manera.

```
struct Person
{
        int age;
        char favoriteColour[10];
        struct Name
        {
                char firstName[15];
                char lastName[15];
        } name;
};
```

Dónde el nombre es introducido así:

```
p1.name.firstName;
```

*Definición Externa*

Esto es lo mismo pero la definición no está dentro de otra estructura:

```
struct Name
{
        char firstName[15];
        char lastName[15];
};
```

```
struct Person
{
        int age;
        char favoriteColour[10];
        struct Name name;
};
```

Dónde el nombre y el apellido son introducidos exactamente igual que en la definición interna.

- Definición interna significa que no puedes recrear la estructura en otras ubicaciones pero puedes usarla internamente.

- Definición externa significa que puedes usarla internamente y en otras ubicaciones

Esto da un código mucho más modular y legible.

TypeDef

Typedef es una palabra clave brindada de modo que puedes personalizar el nombre de variables integradas y definidas por el usuario, y de estructuras también. Muestro un ejemplo a continuación:

```
typedef int INTEGER;
```

Este está tomando el tipo de data **int** y está dándolo a otra persona como INTEGER, ahora un INTEGER (entero) se define normalmente:

```
INTEGER value = 10;
```

Ejemplo Real

Un ejemplo real de dónde podría ser útil es la compatibilidad trasera en situaciones dónde los valores enteros son diferentes. Entonces definirías el int así:

```
typedef int int32;
```

Usa int32 como int normalmente y en la otra máquina dónde necesitas un valor de int más grande cambia la definición a:

```
typedef long int32;
```

Y el código aún funcionará con una muy pequeña cantidad de mantenimiento.

Enums es la abreviación de Tipos Enumerados. Un enum es un tipo definido por el usuario que permite la creación de tipos de datos personalizados que guardan valores personalizados. Un ejemplo se da a continuación:

```
enum Condition
{
    Working,
    NotWorking,
    Finished,
    Unknown
};
```

Esto define un enum llamado Condition, dónde cada uno de los posibles tipos son definidos como estados posibles. Puedes crear y usar enum así:

```
#include <stdio.h>

enum Condition
{
    Working,
    NotWorking,
    Finished,
    Unknown
};
```

```c
int main()
{
    //Created
    enum Condition programCondition;

    //Assigned a value
    programCondition = Working;

    //Comparison
    if (programCondition == Working)
    {
        puts("All is good!");
    }
}
```

En este programa se te muestra cómo puedes crear un enum, cómo puedes asignarle un valor y cómo puedes comparar su valor.

Los enums son más comúnmente usados como booleanos con contexto extra y características. Mejora la legibilidad y añade estados extra, contrario a la naturaleza binaria de los valores booleanos. Los enums son muy buenos para seguir el resto de los datos con valores limitados bien definidos, cómo el mes actual o el día de la semana.

Crea un enum que trate con los días de la semana e imprima cualquiera que sea el día que se le ha asignado (Consejo: un switch-case es bastante útil para chequear el día actual)

**Solución**

Es algo como esto:

```c
#include <stdio.h>

enum WeekDay
{
    Monday,
    Tuesday,
    Wednesday,
    Thursday,
    Friday
};
enum Condition currentDay;

int main()
{
    currentDay = Friday;

    switch (currentDay)
    {
    case Monday:
        puts("It's Monday!");
```

```
        case Tuesday:
                puts("It's Tuesday!");
                break;
        case Wednesday:
                puts("It's Wednesday!");
                break;
        case Thursday:
                puts("It's Thursday!");
                break;
        case Friday:
                puts("It's Friday!");
                break;
        }
}
```

Las uniones son un tipo de datos especial que permite al programador guardar diferentes tipos de datos en la **misma ubicación de memoria**. Puedes definir una unión con muchos miembros de datos, pero **sólo una** variable puede guardar un valor a la vez. Estas son formas eficientes de usar la misma ubicación de memoria para diferentes usos.

La estructura de la unión es la siguiente:

```
union Name
{
      //Variables
      int i;
      int y;
      char word[20];
      _Bool alive;
};
```

Y se pueden crear múltiples copias al igual que puedes hacer versiones de una estructura o un enum. Esto se hace así:

```
union Name t1;
```

El tamaño **(size)** de las uniones es tan **grande como la variable más grande**, no del tamaño de los valores juntos, dando una forma eficiente de guardar variables una a la vez, contrario a la estructura. Comparando las dos, la unión anterior es de 20 bytes de tamaño, una estructura con exactamente las mismas variables sería de 32 bytes. Esto correspondería a una mayor reducción de espacio si se usa en una escala mucho más grande.

Las variables en una unión son procesadas usando el operador acceso de miembro (.) y se usa así:

```c
union Name example;

example.i = 10;
printf("i before assigned another variable a value: %d\n",
example.i);

example.y = 25;
printf("i after assigned another variable a value: %d\n",
example.i);
printf("y value for reference: %d\n", example.y);

strcpy(example.word, "Hello!");
printf("i after assigned a string a value: %d\n", example.i);
printf("y after assigned a string a value: %d\n", example.y);

printf("String variable: %s", example.word);
```

> **Salida**
>
> >i before assigned another variable a value: 10
>
> >i after assigned another variable a value: 25
>
> >y value for reference: 25
>
> >i after assigned a string a value: 1819043144
>
> >y after assigned a string a value: 1819043144
>
> >String variable: Hello!

Como puedes ver cambiar un valor tiene efecto sobre todas las otras variables, esta es la desventaja de las uniones si no se usan correctamente y tienen que administrarse muy cuidadosamente de modo que no ocurran errores debido a variables cambiantes.

Listas de Argumentos de Variable

Podrías tropezarte con un problema que podría requerir una función con muchos parámetros, aquí es dónde los argumentos de variables entran porque permiten que una cantidad dinámica de variables sean introducidas como parámetros.

Nota:

Un nuevo incluido se requiere para esto:

```
#include <stdarg.h>
```

Añade esto cuando uses argumentos de variable.

Diseña el método así:

```
void function(int noOfVariables, ...)

..

..
```

Dónde siempre hay una variable que define el número de variables seguido por las variables. Las variables extra son asignadas a algo llamado una *va_list*, estas listas son manipuladas con estas funciones:

```
va_start(va_list valist, int numberOfVaribles);
```

va_start efectivamente toma las variables extra y las colocas en el va_list

```
va_arg(valist, type);
```

va_arg toma la siguiente variable y la regresa, no sabe si el entero actual es el último, de modo que la configuración del programa tiene que fijarse para asegurarse de que no desborde.

```
va_end(valist);
```

va_end simplemente limpia la memoria para la va_list.

A continuación hay un ejemplo que encuentra el mayor valor:

```c
#include <stdio.h>
#include <stdarg.h>

int max(int n, ...)
{
        int largest = 0;

        //Creates an assigns
        va_list valist;
        va_start(valist, n);

        //loops through variable list
        for (int i = 0; i < n; i++)
        {
                //Grabs the next arg
                int nextVar = va_arg(valist, int);

                //Compares size of values || The first value is
assigned to be the largest value
```

```
                if (nextVar > largest || i == 0)
                {
                        largest = nextVar;
                }
        }

        //Frees up memory
        va_end(valist);

        return largest;
}

int main() {
        printf("Largest: %d\n", max(6, -2,3,4,5,66,10));
        printf("Largest: %d\n", max(3, 7, 2, 1));
}
```

**Salida**

> Largest: 66

> Largest: 7

Este programa muestra cómo la naturaleza dinámica de la
lista de variables puede ser muy útil.

Crea un programa usando listas de variable que regresen los promedios (producto de todos los números/tantos números) de las variables **int** brindadas.

Crea un método llamado "average" que retorne un flotante, esta será tu función variable. Y no olvides incluir:

```
#include <stdarg.h>
```

## Solución

Debería ser algo como esto:

```c
#include <stdio.h>
#include <stdarg.h>

double average(int n, ...)
{
    double total = 0.0;

    //Creates variable list
    va_list vaList;
    va_start(vaList, n);

    //Grabs each variable
    for (int i = 0; i < n; i++)
    {
        //Same as: "total = total + va_arg(vaList, int);"
```

```
        total += va_arg(vaList, int);
    }

    //Clean up!
    va_end(vaList);

    double avg = total / n;
    return avg;
}

int main()
{
    //%f for a float
    printf("Average: %f\n", average(4, 1,2,77,4534));
}
```

Esto es muy similar al ejemplo anterior del valor máximo, tiene el va_start, va_arg, y va_end.

1. ¿Qué función se necesita para copiar una cadena de caracteres a una variable adecuada?

2. ¿Cuáles son las dos maneras en las que una estructura puede ser anidada?

3. ¿Para qué se usa la palabra clave "typedef"?

4. ¿Qué significa Enum?

5. ¿Cuál es la desventaja de una estructura de unión?

6. ¿Qué determina el tamaño de una unión?

7. ¿Qué guarda una va_list?

8. ¿Qué se usa para demostrar que una función es una lista de argumento?

9. ¿Qué operador se usa para introducir miembros de una estructura?

10. ¿Cómo difieren una estructura y un arreglo?

# Capítulo 5

# Características Avanzadas

Archivos de cabecera

Un archivo de cabecera (o header file) es una lista de funciones, variables y macro definiciones que puede ser incluida y usada en diferentes archivos. Un archivo de cabecera es especificado por las extensiones de nombre de archivo **.h**. Son incluidos en otros archivos al usar **#include** (directivas pre-procesador) y el nombre del archivo ("header.h"). Hay archivos de cabecera que los programadores pueden crear y también hay archivos de cabecera integrados que vienen con el compilador, tal como "**stdio.h**" que hemos visto en la sección previa.

Para crear un archivo de cabecera, todo lo que necesitas hacer es crear un archivo con la extensión .h, esto puede hacerse en algo tan simple como el blog de notas, este archivo de cabecera puede ser ahora incluido en otro archivo para enlazar y usar las características del archivo de cabecera..

A continuación se da un ejemplo:

```
header.h
int x = 10;
```

```
int Function()
{
        return x;
}
```

También se puede incluir así:

```
#include <stdio.h>
#include "header.h"

int main()
{
        printf("%d", Function());
}
```

**Salida**

>10

Esto permite a los programadores hacer módulos que pueden ser reusados entre proyectos.

Un posible uso de archivos de cabecera se da a continuación:

```
int add(int num1, int num2)
{
        return num1 + num2;
}
int sub(int num1, int num2)
{
        return num1 - num2;
}
int div(int num1, int num2)
{
        return num1 / num2;
}
int mul(int num1, int num2)
{
        return num1 * num2;
}
```

Una vez más, el ejemplo de la calculadora regresa, un archivo de cabecera podría ser una lista de funciones como esta que podría ser luego incluida para permitir el uso de estas funciones.

Directivas Pre-Procesador

Las directivas pre-procesador se usan para dar al compilador un tipo de comando, puedes encontrar bastantes veces que un comando ya es la directiva "#include" que le dice al compilador que incluye un cierto archivo de cabecera.

A continuación está una lista de las directivas del procesador, vamos a hablar acerca de cómo funcionan:

| Directiva | Descripción |
|---|---|
| #define | Usada para definir un macro |
| #include | Inserta un archivo de cabecera particular de otro archivo. |
| #undef | Remueve el efecto de #define |
| #ifdef | Regresa verdadero si un macro no es definido. |
| #ifndef | Prueba si una condición de tiempo de compilación es cierta. |
| #if | Usada para definir un macro |
| #else | La alternativa para #if. |
| #elif | # else e #if en una frase. |
| #endif | Finaliza el condicional pre-procesador. |

#define and #undef

Estos comandos son usados cuando valores globales son usados para incrementar la legibilidad, por ejemplo:

```
#define LOOP_NUMBER 2;
```

Podría definirse y usarse así:

```
for (int i = 0; i < LOOP_NUMBER; i++)
{
    //Loop code
}
```

Y el bucle for realizará el bucle dos veces, pero no puedes cambiar el valor como quisieras con una variable normal, **es constante a lo largo de la vida del programa** a menos que se use **#undef**, lo que no definirá el valor fijado.

**#undef** es usado normalmente para sobrescribir directivas integradas dónde no indefinirías un valor y luego fijarías un valor de tu elección..

#ifdef and #if

**#ifdef** e **"#ifndef** regresarán verdadero y falso respectivamente si un macro es definido, el uso más común para estos es revisar si la bandera de –DDEBUG ha sido colocada y correr el código en modo DUBUG, el cual no tiene uso en el programa terminado. Se usa así:

```
#include <stdio.h>

int main()
{
#ifdef DEBUG
        puts("DEBUG!");
#endif
}
```

Este código sólo correrá si el código es marcado como modo debug. Esto puede ser muy fácil para un programador.

#if, #else y #elif trabajan exactamente de la misma manera que las frases if, pero se usan para revisar el macro con expresiones aritméticas en lugar de chequear su existencia.

El manejo de errores es una sección muy importante, porque un programador tiene que asegurarse de que su programa está preparado para tratar con errores esperados e inesperados. C no brinda soporte directo para manejo de errores pero permite acceso a algunas funciones de bajo nivel. La mayoría de las funciones regresará -1 o NULL (NULO) si hay un error, y fijará el código de error **errno**, **errno** es una variable global que contiene el último código de error retornado.

Tendrás que incluir el archivo de cabecera <errno.h> para usar estas funciones de manejo de errores.

```
#include <errno.h>
```

Hay unas pocas funciones que te permiten usar y entender códigos de error.

perror()

Esta función muestra la cadena de caracteres que pasas e incorpora al final la representación textual del código de error guardado en **errno.**

## strerror()

Regresa el apuntador a la representación textual del valor **errno**. Esto puede usarse para guardar el feedback del error.

## **stderr** file stream

**stderr** se usa para generar como salida un error a la consola.

El uso se da a acontinuación:

```c
#include <stdio.h>
#include <errno.h>

extern int errno;

int main() {

    FILE * file;
    int errnum;

    //Looks for file
    file = fopen("youWillNotFindMe.txt", "rb");

    //If the file returned an error
    if (file == NULL)
    {
        //Grabs error code
        errnum = errno;

        //Prints error code
        fprintf(stderr, "Value of errno: %d\n", errno);

        //Returns string provided + : and Error code
message
        perror("Error printed by perror");
```

```
                //Grabs the error text
                char* errorMsg[] = { strerror() };
                printf("Error msg test print: %os", *errorMsg);
        }
        else
        {

                fclose(file);
        }

        return 0;
}
```

Anteriormente se da el uso de algunos ejemplos de manejo de errores. Dominar y entender el manejo de errores es muy importante.

A continuación hay otro ejemplo de evitar el error clásico de división por cero:

```
#include <stdio.h>
#include <errno.h>

extern int errno;

int divide(int x, int y)
{
        if (y == 0)
```

```c
    {
            //Prints error
            fprintf(stderr, "Diving by zero error..!");

            //Returns error code
            return -1;
    }
    else
    {
            //If valid returns even
            return x / y;
    }
}

int main()
{
    int returnCode = divide(0, 2);
}
```

Conversión de Tipos ( Type casting)

Las variables tienen tipos definidos, pero hay situaciones dónde tendrás que convertir variables de un tipo a otra. Muy comúnmente sería la conversión entre un entero a un flotante o un doble

El formato general es el siguiente:

```
(type)varToCast
```

Esto puede usarse así:

```
int main()
{
        int integer = 3;
        float decimal = 1.5f;

        int result = (int)decimal + integer;
        printf("%d\n", result);
}
```

**Salida**

> 4

Lo que pasa es que cualquier valor decimal es truncado (removido) y el resto es añadido al valor entero.

También puedes mejorar un valor, este ejemplo muestra cuando un entero es mejorado a un flotante:

```
int main()
{
        int integer = 3;
```

```
float decimal = 1.5;

//Explicit casting
float result = decimal + (float)integer;
printf("%f\n", result);

//Implicit casting
float result = decimal + integer;
printf("%f\n", result);
}
```

Esto puede hacerse ya sea implícita o explícitamente. Implícita es cuando el compilador **automáticamente** convierte la variable y explícitamente es cuando usas el operador casting. Sin embargo es muy bueno practicar especificar un cast dónde sea necesario.

Administración de Memoria

C permite a los programadores administrar dinámicamente la memoria. Esta funcionalidad es brindada por:

```
#include <stdlib.h>
```

La administración de memoria requiere el uso de algunas funciones

- **void *calloc(int num, int size);**

- o Esta función asigna un arreglo (tamaño especificado por **num**) y el tamaño de cada asignación especificada por **size**

- **void free(void *address);**

  - o Esta función libera memoria, la ubicación es especificada por **address** (dirección).

- **void *malloc(int num);**

  - o Esta función trabaja como **calloc** pero deja las ubicaciones sin inicializar.

- **void *realloc(void *address, int newsize)**

  - o Esta función reubica la memoria al tamaño especificado en **newsize**

A continuación hay un ejemplo del uso de **malloc** o **calloc** para distribuir memoria para una cadena de caracteres:

```
#include <stdio.h>
#include <stdlib.h>
```

```c
#define WORD_SIZE 20

int main()
{
        char* word;

        //Allocates memory
        word = malloc(WORD_SIZE * sizeof(char));

        //or

        word = calloc(WORD_SIZE, sizeof(char));

        //Copies values over
        strcpy(word, "Hello nice to meet you!");

        //Printing
        printf("The string is: \"%s\"", word);

        //Deletes memory
        free(word);

}
```

Esto puede usarse para hacer cosas bastante complejas, como tomar una entrada de usuario y guardarla en un arreglo exactamente del tamaño para esa cadena de caracteres:

```c
#include <stdio.h>
#include <stdlib.h>

#define WORD_SIZE 20

char* getInput()
{
    //Will be deleted
    char temp[50];

    //User input
    printf("Please enter your first name: ");
    scanf("%s", temp);
    puts("");

    //strlen() finds lenght of a string
    int len = strlen(temp);

    //Dynamic allocation of memory
    char* perfectSizeWord;

    //Allocates memory!
    perfectSizeWord = calloc(len, sizeof(char));
```

```c
        //This command would not work, it takes the
memory location of temp and just copies it so when
        //this function goes out of scope so does
perfectSizeWord
        ///perfectSizeWord = temp

        //Copies the values properly
        for (int i = 0; i < len; i++)
        {
                perfectSizeWord[i] = temp[i];
        }

        //Size comparason
        printf("Size of temp var:          %d\n",
sizeof(temp));
        printf("Size of new perfect var:  %d\n",
sizeof(perfectSizeWord));


        return perfectSizeWord;
}


int main()
{
        //Gets returned variables
        char* word = getInput();

        //Prints
        printf("The word is:                %s\n", word);
```

```
    //Delets memory
    free(word);
}
```

El programa anterior puede ser grande, toma tu tiempo y
míralo. Intenta implementarlo y entender cómo funciona.

Ejercicio

Usa las técnicas de manejo de errores anteriores para manejar
el error para distribuir memoria con **malloc** o **calloc**. Para
estimular un error sólo haz *Word*=NULL; luego de la
dinámica de distribución de memoria.

Usa el marco del siguiente programa para ayudarte:

```
#include <stdio.h>
#include <errno.h>

int main()
{
    char* word;

    //Allocates memory
    word = malloc(20 * sizeof(char));

    //ERROR SIMULATE
```

```
        word = NULL;

        //-----------------PUT ERROR CODE HERE---------
------------

        //Deletes memory
        free(word);

}
```

## Solución

Muy simple, todo lo que se necesita incluir es esto:

```
#include <stdio.h>
#include <errno.h>

int main()
{
        char* word;

        //Allocates memory
        word = malloc(20 * sizeof(char));

        //ERROR SIMULATE
        word = NULL;

        if (word == NULL)
```

```
    {
            fprintf(stderr, "Error: Unable to allocate the
memory!");
    }

    //Deletes memory
    free(word);

}
```

1.      ¿Cómo le dices al compilador que use otros archivos y bibliotecas?

2.      ¿Qué extensión de archivo usa un archivo de cabecera?

3.      ¿Para qué se usa #define?

4.      ¿Qué #include es requerido para manejo de errores?

5.      ¿Qué contiene la variable global **errno**?

6.      ¿Qué regresa strerror()?

7.      ¿Qué flujo de archivos se requiere para imprimir un error?

8.      ¿Para qué se usa la conversión de tipos?

9.      ¿Cuál es la diferencia entre **calloc** y **malloc**?

**10.**      ¿Qué regresará normalmente una función que encuentra un error?

1. Flotante o doble

2. Verdadero (1) y Falso (0)

3. Una frase diseñada para revisar o chequear si una condición es verdadera o falsa

4. Declaración, Condicional e Iteración

5. Salta una iteración completa

6. Sí, y al usar la palabra clave void

7. Teóricamente ilimitado

8. Printf usa formato de id, puts no usa formato de id y puts automáticamente añade '\n' al final de la cadena de caracteres

9. Valor entero

10.         *int arrayLength = sizeof(lotsOfNumbers) / sizeof(lotsOfNumbers[0]);*

1. Una ubicación de memoria para un cierto tipo de variable.

2. El operador dereferenciar

3. Se moverá 4 bytes a lo largo de la siguiente ubicación de memoria.

4. Sólo una vez.

5. La variable es guardada en el registro de memoria más rápido de acceder.

6. fprintf() y fputs().

7. Abre el archivo tanto para lectura como escritura y corta el tamaño del archivo a cero si existe, y lo crea si no existe.

8. Si el apuntador no es NULL (NULO).

9. Es llamado el operador de referencia y se usa para acceder o regresar la dirección de memoria en bruto.

10. *El tamaño del arreglo preferiblemente como una variable* **size_t**.

1.        strcpy()se necesita.

2.        Internamente y externamente definida.

3.        Usado para dar nombres personalizados a variables y estructuras definidas por el usuario.

4.        Tipo enumerado.

5.        Sólo una variable en una unión puede guardar un valor una vez.

6.        Una unión es igual de grande que la variable más grande.

7.        La lista de variables introducidas a una función variable.

8.        Puntos suspensivos al final de la lista de parámetros.

9.        El operador miembro denotado por un punto (.)

10.       *Un arreglo almacena variables del mismo tipo, una estructura almacena variables de cualquier tipo.*

1.  Usar la directiva #include

2.  Un archivo de cabecera usa ".h"

3.  #define se usa para crear definiciones globales de valores constantes.

4.  #include <errno.h>

5.  El último código de error que fue lanzado será guardado allí.

6.  La representación textual del código de error guardado en errno

7.  El flujo de archivos es: "stderr"

8.  Usado para cambiar una variable a otra

9.  Cuando calloc reubica memoria inicaliza valores, malloc no

10. NULO **(NULL)** o -1